BEI GRIN MACHT SICH IHR WISSEN BEZAHLT

AF139756

- Wir veröffentlichen Ihre Hausarbeit, Bachelor- und Masterarbeit

- Ihr eigenes eBook und Buch - weltweit in allen wichtigen Shops

- Verdienen Sie an jedem Verkauf

Jetzt bei www.GRIN.com hochladen und kostenlos publizieren

Bibliografische Information der Deutschen Nationalbibliothek:

Die Deutsche Bibliothek verzeichnet diese Publikation in der Deutschen National-bibliografie; detaillierte bibliografische Daten sind im Internet über http://dnb.d-nb.de/ abrufbar.

Impressum:

Copyright © 2015 GRIN Verlag
Druck und Bindung: Books on Demand GmbH, Norderstedt Germany
ISBN: 9783668516946

Dieses Buch bei GRIN:

https://www.grin.com/document/374122

Magnus Roth

Diplomatie in der Antike. Diplomatische Beziehungen Karthagos im Rahmen der Alpenüberquerung des Zweiten Punischen Krieges

GRIN Verlag

GRIN - Your knowledge has value

Der GRIN Verlag publiziert seit 1998 wissenschaftliche Arbeiten von Studenten, Hochschullehrern und anderen Akademikern als eBook und gedrucktes Buch. Die Verlagswebsite www.grin.com ist die ideale Plattform zur Veröffentlichung von Hausarbeiten, Abschlussarbeiten, wissenschaftlichen Aufsätzen, Dissertationen und Fachbüchern.

Besuchen Sie uns im Internet:

http://www.grin.com/

http://www.facebook.com/grincom

http://www.twitter.com/grin_com

Diplomatie in der Antike – Diplomatische Beziehungen Karthagos im Rahmen der Alpenüberquerung des Zweiten Punischen Krieges

Inhalt

„Vulgare amici nomen, sed rara est
fides."

(Das Wort Freund wird häufig
gebraucht, doch Treue ist selten)

Phaedrus Fabulea 3,9,1

1. Einleitung[1]

Diplomatie gehört in der Moderne zu den geläufigsten Handlungen und Verhandlungen in Konflikten und Projekten von modernen Staaten. Dies zeigte sich in den vergangenen beiden Jahren im Ukraine-Konflikt. Doch was ist eigentlich Diplomatie? Wie sah die Diplomatie in der Antike aus? Gibt es Differenzen zwischen der Diplomatie von zivilisierten Völkern wie Rom und Karthago und wie fand diese zwischen den barbarischen Völkern statt?

Dabei ist die Kommunikation das zentrale Medium der Diplomatie, dazu gehören auch Treue und Freunde. Das zuvor genannte Zitat von Phaedrus Fabulea soll hierbei als Anlass dienen, zudem ich bei einem späteren Zeitpunkt nochmal näher eingehe.

Das sind alles Fragen die sich insbesondere in Kriegszeiten stellen. Wie konnte Hannibal Barkas im Rahmen des zweiten Punischen Krieges (218 v. Chr. bis 201 v. Chr.) mit einem riesigen Herr von 50.000 Fußsoldaten, 9.000 Reitern und 37 Elefanten[2] von dem heutigen Spanien durch Südfrankreich über die Alpenpässe nach Italien gelangen? Dies wäre womöglich nicht erfolgreich gewesen, wenn man nur auf kriegerische Aktionen gegen die lokalen Völker der Route setzt. Dies waren insbesondere Gallische und Keltische Stämme. Daher stellt sich mir die Frage wie Diplomatie während des zweiten Punischen Krieges, insbesondere vor, während und nach der Alpenüberquerung Hannibals stattgefunden hat? Die Alpenüberquerung fand während des Herbstes statt, somit wird die schon schwierige Überquerung durch meteorologische Ereignisse zusätzlich erschwert. Dabei stehen insbesondere die Alpenvölker im Fokus, da diese durch Ihre strategische günstige Position in den geographisch schwierigen Alpen ein großes Heer schnell aufhalten hätten können.

Aufgrund all dessen stellt sich mir die Frage: *Welche Form der diplomatischen Beziehungen zwischen Hannibal und den lokalen Stämmen haben stattgefunden? Worin unterscheidet sich diesbzgl. die Quellenlage zwischen Polybios und Livius?*

Um diese Frage zu beantworten muss zunächst die Diplomatie selbst definiert werden und Abweichungen vom heutigen Verständnis herausgearbeitet werden. Danach werden die institutionellen Ausprägungen der Diplomatie in der Antike betrachtet. Dies wird versucht zu fokussieren auf den temporären Raum um und im Ereignis des Zweiten Punischen Krieges.

---

[1] Geschlechtsneutrale Sprachverwendung: In dieser Arbeit wird aus Gründen der Lesbarkeit auf die parallele Nennung von Personen männlichen und weiblichen Geschlechts („Gesandten und Gesandtinnen") verzichtet, wenn nicht gezielt auf ein Geschlecht Bezug genommen werden soll. Mit „Gesandten" werden sowohl Männer als auch Frauen bezeichnet.

[2] Vgl. Serge Lancel: Hannibal. Eine Biographie, Paris 1996. S.48-50.

Im Kern der vorliegenden Arbeit wird der Schritt der Betrachtung der diplomatischen Beziehungen während der Alpenüberquerung betrachtet. In diesem Teil werden auch die Widersprüche der Quellenlage betrachtet. Festzuhalten ist, dass das Ereignis der Alpenüberquerung lediglich in zwei Quellen bzw. Autoren beschrieben wird. Diese beiden sind Titus Livius (*59 v. Chr. – †17. n. Chr.) und Polybios (*200 v.Chr. – †120 v.Chr.)[3]. Zunächst wird aber erst einmal Diplomatie betrachtet und deren Unterschiede zwischen Moderne und Antike.

2. Diplomatie, Völkerrecht und Außenpolitik in der Antike

Diplomatie wird als Teil der Außenpolitik eines Staates betrachtet. Dabei ist diese der „sichtbarster Ausdruck, besteht sie doch nicht nur aus einem immateriellen Teil, den Gesprächen und Verhandlungen der Diplomaten, sondern aus einem materiellen Teil, dem diplomatischen Apparat."[4] Bei einer normativen Betrachtung ist Diplomatie ein Mittel damit Staaten mit anderen Staaten friedliche Beziehungen pflegen.[5] Dies alles involviert ständige Gesandtschaften bzw. Botschaften in den anderen Ländern, dabei besteht die Möglichkeit einen direkten Ansprechpartner bei zwischenstaatlichen Zwischenfällen zur Verfügung zu haben.

Dabei wird deutlich, dass Diplomatie Staaten benötigt, welche miteinander Diplomatie führen können. Dies ist in der Antike nicht als Grundlage gegeben. Dies gründet darauf, dass es sich in der griechisch, römischen Antike zentral um Stadtstaaten (Polis) handelte und nicht um Territorialstaaten. Ein weiterer Punkt ist, dass sich der moderne Territorialstaat erst mit den Westfälischen Frieden 1648 durchsetzt und durch den Wiener Kongress 1815 fest etablierte.

Die Diplomatie in der Antike kann als ein „grauer Fleck" im Bezug auf systematisierte Untersuchungen betrachtet werden. So ist bezeichnend das bspw. der Sammelband „Antike Diplomatie" hrsg. von Eckart Olshausen (1979) einen Fokus auf die hellenistische Welt legt und lediglich ein Aufsatz zum Römischen Reich in der Spätantike vor liegt, Somit wurde fast 500 Jahre die Bedeutung gewürdigt der Diplomatie nicht. Es werden Kontakte lediglich im Rahmen zeitlich beschränkter Ereignisse wie Kriege und Krisen betrachtet und nie strukturell erfasst.

---

[3] Näheres zu den Autoren und eventuelle Authentizitätsprobleme zu einem späteren Zeitpunkt der Arbeit.
[4] Paul Widmer, Diplomatie. Ein Handbuch, Zürich 2014. S.25.
[5] Vgl. Ebd. S.25.

Dieser Bezug bzw. Fokus auf die griechischen Stadtstaaten ist womöglich geschuldet, dass das Römische Reich auch im Bereich der Diplomatie einiges von den Griechen übernahm. Allerdings ohne die Proxenie, welches die Vertretung fremder Städte durch eigene Bürger bezeichnet.[6] Das eben beschriebene bezieht sich im Wesentlichen auf das griechische Gesandtschaftswesen. Dieses bezog sich nur auf Völker, denen man es eigens zugestanden hatte.[7] Die genaue Anzahl der Personen antiker Gesandtschaften wurde nicht genau geregelt. Auch ob und welche Höhe Geschenke Gesandtschaften hatten ist von Fall zu Fall verschieden.[8]

Im Gegensatz zu heutigen dauerhaften Vertretungen in Botschaften und Konsulaten, waren die Gesandtschaften auf einen temporären Zeitraum beschränkt. Eine großzügige Behandlung wie besonderen Schutz und Unterkunft in separaten Häuser wurden ihnen gewährt.[9]

Baltrusch[10] betrachtet die Diplomatie in ihrer außenpolitischen Facette samt Völkerrecht. Die Termini Diplomatie, Außenpolitik sowie Völkerrecht bilden auf die Antike angewendet Anachronismen, jedoch sind diese auch nützlich für wissenschaftliche Systematisierungen. Unter diesen Begriffen werden ähnliche Subjekte wie gegenwärtig betrachtet. So ist das Völkerrecht, sofern davon zu sprechen möglich ist, auf ähnlichen Fundamenten basierend:

1. Es benötigt Völkerrechtssubjekte, die miteinander in Kontakt treten.

2. Rechtsquellen zu Kriegsrecht, Vertragsrecht, Gesandtenrecht.

3. „Völkerrecht" als Bezeichnung für die Erkennung zwischenstaatlicher Strukturen.[11]

So ist eine Diskussion vom römischen Völkerrechtsverstoßen nicht nur eine Über-Thematisierung bzw. Übertragung gegenwärtiger Ereignisse auf Antike Ereignisse, sondern durchaus legitimierte Untersuchungen.

Im nachfolgenden Punkt soll zunächst die Diplomatie Roms zur Zeit des Zweiten Punischen Krieges betrachtet werden. Dies wird in einem Vergleich mit der karthagischen Diplomatie durchgeführt, und anschließend auf die Alpenüberquerung konkretisiert.

---

[6] Vgl. Ernst Baltrusch, Außenpolitik. Bünde und Reichsbildung in der Antike, München 2008. S.29.
[7] Vgl. Paul Widmer, Diplomatie. Ein Handbuch, Zürich 2014. S.201.
[8] Vgl. Holger Müller, Gesandtschaftsgeschenke im Kontext kriegerischer Auseinandersetzungen im Altertum, in Burrer/Müller: Kriegskosten und Kriegsfinanzierung in der Antike, Darmstadt 2008. S.98.
[9] Vgl. Ebd. S.38.
[10] Ernst Baltrusch, Außenpolitik. Bünde und Reichsbildung in der Antike, München 2008.
[11] Vgl. Ernst Baltrusch, Außenpolitik. Bünde und Reichsbildung in der Antike, München 2008. S.15.

2.1. Diplomatie Roms

Die Diplomatie Roms basierte im Wesentlichen auf der der griechischen Polis. Wie bereits genannt, übernahmen die Römer das Gesandtschaftssystem. Für das umfangreiche System der Gesandtschaften (lateinisch: legationes) existieren differenzierte Aufgabenfelder und Bevollmächtigungen. Die Gesandten waren durch das Völkerrecht geschützt für die An- und Rückreise sowie der Dauer des Auftrages. Sie durften auch nicht gefangen genommen werden und auch nicht verletzt oder getötet werden.[12] In Rom bekamen Gesandte anderer Gemeinden das öffentliche Gastrecht (lateinisch: hospitium publicum).

Widmer stellt heraus, das sich die römische Diplomatie vorwiegend auf militärische Macht stützte und das sie "es nicht für nötig, mit anderen Völkern auf gleicher Augenhöhe zu verkehren"[13]. Dies ist für den Zeitraum der in der hier vorliegenden Arbeit betrachtet wird, zu relativieren. Zum Zeitpunkt des Zweiten Punischen Krieges war Rom noch keine Großmacht, sondern hatte nach dem Ersten Punischen Krieg Süditalien mit den anliegenden Inseln Sizilien, Korsika und Sardinien unter Kontrolle gebracht. Der Einflussbereich Roms war schon im keltischen Norden Italiens beschränkt. Der Kriegsgrund für den Zweiten Punischen Krieg, der Ebro-Vertrag scheint ein nachträglich vorgeschobenes Ereignis zu sein, welches zur Legitimation des Krieges diente.[14] Das militärische Selbstverständnis scheint erst nach dem Zweiten Punischen Krieg plausibel zu sein, in deren sich Rom zur Macht im Mittelmeerraum entwickelte.

Die Diplomatie Roms diente hierbei als Referenzpunkt im Vergleich zu Karthago. Dies ist begründet aufgrund der guten Quellenlage und Beleuchtung des römischen Reiches.

2.2. Diplomatie Karthagos

Die Diplomatie Karthagos ist schwer zu rekonstruieren, es ist bedingt durch die wenig existierenden Quellen, zudem sind die vorhandenen Quellen zumeist aus einer römischen Perspektive. Dabei werden fremde Völker, in diesem Falle Karthago, zumeist barbarisch dargestellt und weniger zivilisiert. Dies ist bei einer Beurteilung römischer Quellen relevant zu beachten.

---

[12] Vgl. Ebd. S.30.
[13] Paul Widmer, Diplomatie. Ein Handbuch, Zürich 2014. S.38.
[14] Vgl. Klaus Zimmermann, Rom und Karthago, Darmstadt 2013. S.42-58.

Die Karthager nutzten ebenso Gesandtschaften wie das römische Reich. Zudem ähnelte sich auch ihr Umgang mit lokalen Stämmen. So betrachtete sich Karthago als Schutzherrschaft befreundeter Stämme auf der Iberischen Halbinsel.[15] Auch waren Verträge ein anerkanntes Mittel zur Festlegung von Übereinkünften, dabei konnte dies auch von Rom ein „aufgezwungenes" Mittel sein, so der Präliminarvertrag.[16]

Der Umgang der Karthager mit Kriegsgefangenen war am Nutzen orientiert. So wurden keltische Kriegsgefangene wieder freigelassen, in der Hoffnung sie stellten sich im späteren Kriegsverlauf auf die Seite Karthagos.[17] Dies war auch ein Mittel der Propaganda, in der Karthago als Milde dargestellt wurde.

Nachdem die jeweiligen Verständnisse, der Karthager und der Römer, zur Diplomatie betrachtet wurden, wird im nachfolgenden der diplomatische Kontakt während der Alpenüberquerung der Karthager betrachtet um daraus Schlüsse zu ziehen.

3. Kontakte während der Alpenüberquerung

Vor, währenddessen und nach der Alpenüberquerung gab es zwischen Hannibal und den lokalen Stämmen eine Vielzahl von Kontakten. Diese werden nachfolgend mit Bezug auf Diplomatie versucht systematisch zu erfassen. Dabei wird chronologisch nach der Quelle Polybios vorgegangen und diese mit Livius verglichen.

Die Alpenüberquerung von Hannibal im Rahmen des Zweiten Punischen Krieges erscheint nur auf den ersten Blick abenteuerlich. Das Heer startete in Neu Karthago mit 90.000 Fußsoldaten und 12.000 Reitern.[18] Nach der Überquerung der Pyrenäen wurde das Heer bereits erheblich kleiner, aufgrund von notwendiger Sicherung der Nachschublinie und kleineren Gefechten bzw. Scharmützeln mit lokalen Völkern.

Die Variante die Route über nach Norditalien via Landweg und über die Alpen zu nehmen hatte diverse strategische Gründe. Zum einen hatten die Karthager nach der Niederlage keine große Flotte mehr, die die Truppenmenge hätte transportieren können. Der andere Weg entlang der Mittelmeerküste war bereits unter römischer Kontrolle, aufgrund der

---

[15] Vgl. Herbert Heftner, Der Aufstieg Roms, Regensburg 1997. S.201-208
[16] Vgl. Markus Gerhold, Rom und Karthago zwischen Krieg und Frieden. Rechtshistorische Untersuchungen zu den römisch-karthagischen Beziehungen zwischen 241 v.Chr. und 149 v.Chr., Frankfurt am Main (u.a.) 2002. S.39.
[17] Vgl. Werner Huss, Die Karthager, München 1990³. S.213f.
[18] Vgl. Polybios III 35,1.

geographischen Gegebenheiten war es den Römern möglich dort die Karthager entscheidend zu besiegen.[19] Zusätzlich bedingt, war noch eine Vielzahl der Völker Norditaliens nicht unter römischer Kontrolle und teilweise mit diesen verfeindet.[20] Eine Überwindung der Alpen mit einem Heer im Herbst wäre ohne Kontakte und Hilfe lokaler Stämme nicht logistisch umsetzbar gewesen. Außerdem bestand in den engen Wegen immer die Gefahr des Hinterhaltes, welche die zahlenmäßigen Unterschiede ausglich.

Am 19. August des Jahres 218 v. Chr. erreichte Hannibal mit seinem Heer die Rhone in der Nähe von Messalina.[21] Bereits vor Beginn der Alpenexpedition gab es Kontakte zwischen Karthager und Kelten aus Oberitalien:

„Hierauf also baute er und machte den Häuptlingen der Kelten diesseits der Alpen und in den Alpen selbst durch Boten, die er nicht müde wurde an sie zu schicken, alle nur möglichen Versprechungen, da er glaubte, nur dann den Krieg gegen die Römer in Italien führen zu können."[22]

Wie Polybios beschreibt, baute Hannibal frühzeitig ein System aus Boten auf, um mit den Häuptlingen der Kelten Kontakt aufzunehmen und sich deren Unterstützung zu sichern. Worin die Versprechungen lagen bleibt jedoch ungeklärt.

Die Ergebnisse der Versammlungen ließ Hannibal vor seinem Heer verkünden:

„...stellte ihr Magilos und andere Häuptlinge, die aus den Ebenen um den Po zu ihm gekommen waren, und ließ der Menge durch einen Dolmetscher die Beschlüsse der gallischen Stämme bekanntgeben...., daß sie sie durch Gegenden führen würden, durch die sie, ohne an irgendetwas, was sie brauchten, Mangel zu leiden"[23]

Somit sicherte sich Hannibal die Ortskenntnisse der lokalen Stämme und erreichte schon mehrere Bündnisse, welche ihm in den Po ebene Unterstützung gegen die Römer zusicherten. Polybios berichtet von rebellierenden Bojer und Insubrer gegen die römische Besatzungsmacht, noch bevor Hannibal die Alpen überquerte.[24]

Nachdem Hannibal an der Rhone angelangt war, handelte dieser mit dessen Bewohnern um Boote etc. zur Überquerung der Rhone abzukaufen. Die Bewohner welche nicht mit Hannibal

---

[19] Vgl. Robert Garland, Hannibal. Das gescheiterte Genie, Darmstadt 2012. S.53-56.
[20] Vgl. ebd. S.62.
[21] Vgl. Werner Huss, Die Karthager, München 1990[3]. S.213f.
[22] Polybios III, 34.
[23] Polybios III, 44.
[24] Polybios III, 40.

handelten wollten versuchen bei der gefährlichen Rhone-Überquerung das Heer Hannibals zu plündern.[25]

Vier Tage nach der Rhone Übersetzung half Hannibal einem Einheimischen, der mit seinem Bruder im Streit um die Königsherrschaft war. Als Dank hierfür erhielt dieser: Brotkorn, sonstige Lebensmittel, neue Waffen, Kleidung und Schuhwerk.[26] Es erscheint unrealistisch, dass der lokale Stamm ausreichend Materialen hatte, um das Heer Hannibals vollständig auszurüsten. Es ist jedoch möglich, dass Hannibal Schuhwerk und Kleidung auf Bestellung produzieren ließ.

Einen größeren Konflikt gab es mit „einzelnen allobrogischen Clans"[27], welche Anhöhen besetzten um das Heer Hannibals zu überfallen. Durch Kundschafter erfuhr Hannibal, dass diese ihre Posten bei Nacht verließen und somit war es ihm möglich diese zu besetzen.[28]

Die Anwohner des Weges seien auf Hannibal mit Geschenken zugekommen und baten Ihre Hilfe an. Als Vertrauensbeweis mussten diese Geiseln übergeben und mit Schlachtvieh versorgen. Zwei Tage danach kam es zu einem Überfall, der sich jedoch durch bereits vorher geschehene Verlagerung der Truppen abwehren ließ.[29]

Infolgedessen kam es bis auf Schwierigkeiten wegen den Geländebedingungen sowie des Wetters nur noch zu kleineren Raubzügen von den lokalen Stämmen. Die Karthager erreichten die Po-Ebene im Gebiet der Insubrer[30] bei Polybios oder der Tauriner[31] wie es Titus Livius beschreibt. Zwischen diesen beiden Stämmen herrschte ein Spannungsverhältnis, welches sich in der Bündnispolitik spiegelte, denn es wurde vermieden auf der gleiche „Seite" zu kämpfen.[32]

Für die Übersteigung der Alpen benötigte Hannibal mit seinem Heer ca. 14 Tage im Herbst 218 v. Chr.[33] Insgesamt benötigte Hannibal für die ca. 940 Meilen von Carthaga Nova bis zur Po-Ebene vier bis fünf Monate.[34]

---

[25] Vgl. Polybios III, 42-43.
[26] Polybios III, 49.
[27] Polybios III, 50.
[28] Vgl. Polybios III, 50-51.
[29] Vgl. Polybios III, 52-53.
[30] Polybios III, 56.
[31] Livius XXI, 38, 4-6.
[32] Vgl. Werner Huss, Die Karthager, München 1990³. S.217f.
[33] Polybios III, 56.
[34] Vgl. Robert Garland, Hannibal. Das gescheiterte Genie, Darmstadt 2012. S.60.

Tabelle 1: Kontakte zwischen dem Heer Hannibals und lokalen Stämmen

	Volk	Gegenstand des Kontaktes	Polybios	Livius
Beginn des Aufstieg ab der Rhone	Bojer	Verbündete gegen Rom → Folge Aufstand gegen Rom	III, 40	XXI, 25,2
	Insubrer	Verbündete gegen Rom → Folge Aufstand gegen Rom	III, 40	XXI, 25,2
	Div. Kelten (nicht näher benannt)	Teilweise Bestechung durch Geld teilweise gewaltsam unterdrückt → Wegdurchgang Pyrenäen und Rhone	III, 41	XXI, 26,6
	Anwohner der Rhone	Abkaufen von Booten, Einbaumkähne und Holz für die Rhone Überquerung	III, 42	XXI, 26,7
	Barbaren auf der anderen Seite der Rhone (zu den Alpen hin)	Militärische Auseinandersetzung bei Nacht, Überfall auf die Karthager	III, 43	XXI, 28,1
	Kelten der Rhone	Versicherung der Machbarkeit der Alpenüberquerung, welche für die Kelten ein normaler Vorgang ist → „Machbarkeitsstudie"	III, 48	XXI, 30,8
Alpenaufstieg	Zwei Brüder, der ältere Braneus (Allobrogen)	Half in einen Konflikt um die Königsherrschaft → aus Dank Lebensmittel etc.	III, 49	XXI, 31, 5-8
	Allobrogen	Hinterhalt gegen die Karthager	III, 50-51	
	Trikastiner (nur bei Livius)			XXI, 31, 9
	Bewohner des Weges (Poly.) anderer Volksstamm (Liv.)	Friedensangebot mit Schlachtvieh und Führung durchs Gebirge	III, 52	XXI, 34, 1-4
	„"	Hinterhalt an einem Engpass	III, 52	XXI, 34, 7
	Bergbewohner	Kleinere Überfällle von Bergbewohnern		XXI, 35, 2 / XXI. 35, 10
Nach	Insubrer	Einzug in die Po-Ebene in das Gebiet der	III, 56	

dem		Insubrer		
Abstieg / Ankunft in der Po-Ebene	(halbgallische) Tauriner	Einzug in die Po-Ebene in das Gebiet der Tauriner, Hilfe beim Krieg gegen Insubrer		XXI, 38, 4-6 / XXI, 39, 1

Quelle: Eigene Zusammenstellung.

4. Quellenlage bei Polybios und Livius im Vergleich

Die Quellenlage beschränkt sich im Wesentlichen auf zwei Antike Autoren. Diese beiden sind Titus Livius (*59 v. Chr. – †17. n. Chr.) und Polybios (*200 v.chr. – †120 v.Chr.). Die Informationen von Polybios, basieren auf den Notizen des Silenos eines Teilnehmers der Hannibalexpedition.[35] Zudem ist von Polybios bekannt, dass dieser eine Vielzahl der beschriebenen Orte selbst bereist hatte. Darüber hinaus ist Polybios geboren in Megapolis auf der Peleponnes, mit militärischer Erfahrung in der Reiterei, welcher in der Niederlage von Perseus bei Pydna in die römische Sklaverei geriet. Dort wurde dieser Berater von Scipio Aemilianus d. J.[36]

Titus Livius war ein Zeitgenosse Augustus, dem eine prorömische Voreingenommenheit unterstellt wird[37], zudem sind seine Aufzeichnungen von „literarischen Reminiszenzen stark überwuchert".[38]

Es ist zudem nicht auszuschließen, dass Titus Livius sich nicht direkt des Polybios als Quelle bediente. Es besteht zudem die Möglichkeit, dass beide Autoren identische Quellen nutzten.

Wie bereits angesprochen sind die beiden Werke zur Alpenüberquerung im Bezug auf Kontakte identisch, bis auf den Punkt der Kontakte nachdem Nord-Italien erreicht wurde.

5. Fazit

Diplomatie ist Heute und auch in der Vergangenheit ein wesentlicher Bestandteil der Geschichte. Auch in der Zeit vor dem modernen Staatsverständnis, welches sich nach dem Westfälischen Frieden etablierte, ist die Diplomatie ein relevantes politisches Instrument.

---

[35] Vgl. Pedro Barceló, Hannibal. Stratege und Staatsmann, Stuttgart 2004. S.125.
[36] Vgl. Serge Lancel, Hannibal. Eine Biographie, Paris 1996. S.48-50.
[37] Vgl. Ebd. S.51.
[38] Pedro Barceló, Hannibal. Stratege und Staatsmann, Stuttgart 2004. S.125.

Antike Diplomatie basierte im Zentralen auf Gesandtschaften und Geschenke, es erreichte keinen so institutionellen Rahmen mit ständigen Vertretungen wie zur Gegenwart. Den Gesandtschaften wurden auch keine Befugnisse erteilt bzw. Einflussmöglichkeiten, sie bildeten dabei eher die Funktion eines „Sprachrohrs" ohne eigene Entscheidungsbefugnisse. Eine gesonderte Rolle erhielten die Gesandtschaften zum Beispiel im römischen Reich, dieses ist vergleichbar mit dem modernen Diplomatenschutz. Themen der Antiken Diplomatie befassten sich zumeist mit Krieg und Frieden inklusive Territorialansprüche. Wirtschaft hatte eine geringere Rolle, da diese nicht staatlich institutionalisiert war.

Die Kontakte im Rahmen der Alpenüberquerung von Hannibal und seinem Heer hatten ein hohes Maß an Professionalität erreicht. Ohne diese wäre das Heer in dem geographischen schwierigen Gelände der Alpen aufgerieben worden. Auch eine Ausrüstung des Heeres mit Materialen und Kleidung für die Alpenüberquerung wäre ohne frühzeitige Kontaktaufnahme kaum möglich gewesen. Der wohl wichtigste diplomatische Akt Hannibals war die Einladung der Ober-Italienischen Stämme um mit diesen Anti-römische Allianzen zu bilden. Dabei waren diese Auffrischungen für die nachfolgenden Schlachten für das Heer Hannibals überlebenswichtig.

Die Ausübung der Diplomatie nahmen Gesandtschaften war und auch die Treffen Hannibals mit den Führern der Nord-italienischen Stämme. Durch ein direktes Treffen Hannibals mit den Führern war eine höhere Entscheidungsgewalt der Beteiligten ermöglicht worden. Die Schwierigkeit für Hannibal bestand darin, dass die lokalen geographisch nahen Stämme untereinander zerstritten waren und er diese für sein Vorhaben brauchte.

Es existieren zwei Quellen zur Alpenüberquerung Hannibals: Polybios und Livius. Diese sind in einem hohen Maß identisch außer in der Ausführung bei welchem Stamm in Nord-Italien Hannibal aus den Alpen heraustrat. Bei Polybios sind dies die Insubrer bei Livius die Tauriner. Diese große Übereinstimmigkeit kann auf direktes Kopieren deuten oder auf die Nutzung identischer Quellen.

Das Zitat zu Beginn von Phaedrus Fabulea „Das Wort Freund wird häufig gebraucht, doch Treue ist selten" ist ein Exempel für Diplomatie von der Antike bis zur Gegenwart, welches uns die Alpenüberquerung exemplarisch aufzeigte.

Zur weiteren Forschung wären strukturelle Vergleiche der beiden Autoren interessant und ergiebig. In der Geschichtswissenschaft ist die Alpenüberquerung eines der am ausführlichsten betrachteten Ereignisse der Antike, hierbei würden nur neue archäologische Funde neue Erkenntnisse bringen. Der wissenschaftliche Streit welche genau Route Hannibal genommen hat ist somit ohne neue Funden nicht lösbar.

6. Literaturverzeichnis

Pedro **BARCELO**, Hannibal. Stratege und Staatsmann, Stuttgart 2004.

Ernst **BALTRUSCH**, Außenpolitik. Bünde und Reichsbildung in der Antike, München 2008.

Robert **GARLAND**, Hannibal. Das gescheiterte Genie, Darmstadt 2012.

Markus **GERHOLD**, Rom und Karthago zwischen Krieg und Frieden. Rechtshistorische Untersuchungen zu den römisch-karthagischen Beziehungen zwischen 241 v. Chr. und 149 v. Chr., Frankfurt am Main (u.a.) 2002.

Herbert **HEFTNER**, Der Aufstieg Roms. Vom Pyrrhoskrieg bis zum Fall von Karthago (280-146 v. Chr.), Regensburg 1997.

Werner **HUSS**, Die Karthager, München[3] 1990.

Holger **MÜLLER**, Gesandtschaftsgeschenke im Kontext kriegerischer Auseinandersetzungen im Altertum, in Burrer/Müller: Kriegskosten und Kriegsfinanzierung in der Antike, Darmstadt 2008. S.91-105.

Serge **LANCEL**, Hannibal. Eine Biographie, Paris 1996.

Paul **WIDMER**, Diplomatie. Ein Handbuch, Zürich 2014.

Klaus **ZIMMERMANN**, Rom und Karthago, Darmstadt[3] 2013.

7. Quellenverzeichnis:

❖ Polybios, Historiae, Gesamtausgabe in zwei Bänden, Bd. 1, ed. Hans Drexler, Zürich[2] 1978.

❖ Titus Livius, Ab urbe condita. Römische Geschichte, Buch 11, übers. und hrsg. von Robert Feger, Stuttgart 1995.